AF338449

PROCÈS-VERBAL

De la Séance du 21 Juin 1791, de la Société des Amis de la Constitution de Paris, séante aux Jacobins.

A PARIS,

DE L'IMPRIMERIE NATIONALE.

PROCÈS-VERBAL

DE la Séance du 21 Juin 1791, de la Société des Amis de la Constitution de Paris, séante aux Jacobins.

1°. QUELQUES Membres se sont réunis pour demander que les portes de la Salle fussent ouvertes, & la Séance, contre l'usage de la Société, a été commencée à midi. En l'absence du Président & des Secrétaires, M. Gautreau a rempli provisoirement la place de Président, & MM. Regnier, neveu, & Alexis Roussel ont rempli aussi provisoirement celles de Secrétaires.

2°. Un Membre a proposé d'écrire une lettre au Président de chaque Section & aux Sociétés patriotiques de la Capitale, pour les inviter à faire part aux Amis de la Constitution qui se trouvoient dans leur sein, que la Société avoit ouvert sa séance. Cette motion a été adoptée & mise à exécution.

3°. Une Députation de la Section de Saint-Roch a invité la Société à se former en Comité permanent, pour correspondre avec toutes les Sections de la Capitale ; ce Comité devant être composé de deux Membres de chaque Section, qui rapporteroient à leur Section respective, de deux en deux heures, le réfultat des délibérations de la Société. Cette propofition mife aux voix a été agréée, & la députation a été chargée de porter des remercîmens à la Section de Saint-Roch, & de la prier de faire part aux autres Sections de la Capitale, que la Société s'étoit formée en comité permanent.

4°. Un Membre a rapporté que s'étant trouvé chargé de remettre une lettre de la Société au Préfident de la Section des Innocens, M. le Préfident l'avoit invité à expofer à la Société des Amis de la Conftitution, qu'il étoit important d'exercer une furveillance active fur les fubfiftances ; que la Section alloit par un arrêté, engager toutes les Sections de la Capitale à prendre des mefures efficaces à ce fujet. Sur ces propofitions, un Membre a demandé que Meffieurs du Comité des Subfiftances de la Municipalité fuffent tenus à une refponfabilité déterminée.

5°. Une Députation de la Société des Amis de la Conftitution de Saint-Germain-en-Laie a dit que cette Société, inftruite dès le matin du départ du premier Fonctionnaire public, & afin d'agir de concert avec la Société-mère, defiroit connoître les mefures que pouvoient exiger les circonftances : cette députation a été invitée à attendre le réfultat des délibérations, & à prendre part à la Séance.

6°. Un Membre a dit avoir trouvé une lettre à la porte d'entrée de la Salle des féances de la Société ; il a été nommé des commiſſaires pour porter cette lettre au Comité des Recherches. Ce Comité a invité la Société à ne pas ſuſpendre ſes travaux juſqu'à ce que la tranquillité publique fût rétablie.

7°. Il a été dénoncé qu'une ſomme de 480,000 l. en numéraire, deſtinée pour la ville de Baſle en Suiſſe, étoit ſur le point de ſortir de la Capitale. Cet avis a été communiqué au Comité des Recherches.

8°. Un Membre a dit que l'eſpoir des ennemis de la Patrie étant dans la guerre civile, le premier devoir de tout bon Citoyen étoit de faire régner la paix dans tous les lieux publics, en éclairant le Peuple ſur ſes vrais intérêts : en conſéquence la Société a arrêté que les Membres qui ſortiroient de ſon ſein, & ſe répandroient dans les divers quartiers de la Capitale, y porteroient l'eſprit de paix, de fraternité, & de reſpect pour les Loix.

9°. Sur la motion d'un Membre, il a été nommé deux commiſſaires pour ſe rendre à l'Aſſemblée Nationale, deux pour ſe rendre au Département de Paris, & deux autres qui ſe ſont tranſportés au Conſeil général de la Commune, leſquels ont dû être relevés d'heure en heure, & venir rendre compte à la Société des travaux & des lumières de ces diverſes Aſſemblées.

10°. Une Députation de la Société fraternelle a fait part de ſes vives inquiétudes ſur le patriotiſme de quelques fonctionnaires publics ; cette députation a été invitée à affister à la Séance.

11°. Une Députation du Club des Cordeliers a fait part d'un arrêté pris dans son sein, tendant à des moyens de surveillance.

12°. M. Robespierre eft monté à la tribune ; il a fait en peu de mots le détail de ce qui s'étoit paffé à l'Affemblée Nationale, & des mesures qu'elle avoit prifes dans cette circonftance ; il a énoncé fon opinion à ce fujet. Il a difcuté enfuite le Décret qui conferve aux Miniftres actue,ls réunis aux différens Comités de l'Affemblée Nationale, le pouvoir exécutif.

M. Robespierre a fini fon difcours, qui a été vivement applaudi, par cette réflexion fur lui-même : Peut-être en vous parlant avec cette franchife, vais-je attirer fur moi les haines de tous les partis ; ils fentiront bien que jamais ils ne viendront à bout de leurs deffeins, tant qu'il reftera parmi eux un feul homme jufte & courageux qui déjouera continuellement leurs projets, & qui, méprifant la vie, ne redoute ni le fer ni le poifon, & feroit trop heureux fi fa mort pouvoit être utile à la liberté de la Patrie.

Le faint enthoufiafme de la vertu s'eft emparé de toute l'Affemblée, & chaque Membre a juré, au nom de la liberté, de défendre M. Robespierre au péril même de la vie.

M. Robefpierre a ajouté que la réunion des Membres de l'Affemblée Nationale que l'on venoit d'annoncer, ainfi que la réunion des Miniftres à la Société alloit avoir lieu à l'inftant même. Alors M. Danton a dit : Meffieurs, fi les traîtres fe préfentent ici, je prends l'engagement formel avec vous de porter ma tête fur un échafaud, ou de prouver que la leur doit tomber au pied de la Nation qu'ils ont trahie. A peine M. Danton avoit-il prononcé ces paroles, qu'un grand nombre de Membres de l'Affemblée Nationale eft entré dans le fein de la Société. M. Danton ayant apperçu M. la Fayette parmi eux, eft monté à la tribune, &, prenant la parole, a dit :

« Meffieurs, j'ai les plus grands intérêts à traiter dans cette Affemblée; & en effet, quel que foit le réfultat de cette féance, elle doit, j'ofe le dire, décider du fort de l'Empire.

» Au moment où le premier fonctionnaire public vient de difparoître, ici fe réuniffent ces hommes chargés de régénérer la France, dont les uns font puiffans par leur génie, & les autres par leur grand pouvoir.

» S'il étoit poffible que toutes divifions fuffent cellées, la France feroit fauvée. Quoi qu'il en foit, je dois parler, & je parlerai comme fi je burinois l'hiftoire pour les fiècles à venir.

» D'abord j'interpelle M. la Fayette de me dire

A 4 .

pourquoi lui, ſignataire du ſyſtême des deux chambres, de ce ſyſtême deſtructeur de la Conſtitution, vient-il ſe réunir aux Amis de la Conſtitution, dans les malheureuſes circonſtances où le Roi fuit, pour changer, dit-il, la face de l'Empire. »

M. Danton a dit enſuite à M. la Fayette, que, dans les conférences qu'il avoit eues avec lui, lorſque les Amis de la Conſtitution ſe flattoient d'éteindre toutes ſemences de diſcorde & de diviſions, M. la Fayette lui avoit paru deſirer un changement à-peu-près ſemblable à celui propoſé maintenant par M. Sieyes, & qu'à cet égard il lui avoit formellement dit que le projet de M. Mounier étant trop exécré pour penſer à le faire revivre, il ſeroit poſſible cependant de faire adopter à l'Aſſemblée quelque choſe d'équivalent. M. Danton a défié M. la Fayette de lui nier ce fait.

« J'interpelle, a-t-il ajouté, les Membres qui ſont ici préſens & qui ont joué un grand rôle dans la révolution, qui connoiſſent les liaiſons que nous avons eues avec M. la Fayette, de dire ſi ce qu'ils ſavent n'eſt pas conforme à ce que je dis. » (Pluſieurs Membres confirment ce que l'opinant avance.)

« Par quelle étrange ſingularité ſe fait-il, a repris M. Danton, que le Roi donne pour raiſon de ſa fuite les mêmes motifs qui vous avoient déterminé, vous, M. la Fayette, à favoriſer l'établiſſement de ſociétés d'hommes qui étant, diſiez-vous, inté-

reſſés comme propriétaites au rétabliſſement de l'ordre
public, balanceroient bientôt, & feroient enſuite diſ-
paroître ces Sociétés de prétendus Amis de la Conſtitution, compoſées preſqu'entièrement d'hommes ſans
aveu, & ſoudoyés pour perpétuer l'anarchie. Que M. la
Fayette m'expiique comment il a pu inviter par un
ordre exprès, ſans être l'ennemi de la liberté de la
Preſſe, les Gardes Nationales en uniforme, même
ſans être de garde, d'arrêter la circulation des écrits
publiés par les défenſeurs de la liberté du peuple,
tandis que protection étoit accordée aux lâches écri-
vains détracteurs de la Conſtitution. Ce n'eſt pas
des crimes que je cherche, mais la vérité dans ſon
plus grand éclat. Comment ſe fait-il que M. la Fayette
ait laiſſé ſubſiſter les apparences du crime qu'il a
commis envers la ſouveraineté de la Nation, en ne
déſavouant pas avec la plus grande publicité le ſer-
ment individuel dont lui a fait hommage une portion
égarée de la Garde Nationale de Paris? Qu'on m'ex-
plique comment M. la Fayette qui, depuis le dix-
huit Avril, a fait connoître qu'il étoit inſtruit du
projet de la fuite du Roi, a pu vouloir, dans ce
jour fameux du 18 Avril, employer la force publique pour protéger cette fuite vers Saint-Cloud, qui
étoit évidemment le point central du ralliement de
la Famille Royale & de ceux qui dirigeoient ce
projet funeſte? Comment ſe fait-il, M. la Fayette,
qu'après avoir enchaîné à votre char de triomphe,

soixante-quatre Citoyens du fauxbourg Saint-Antoine entraînés par le befoin de détruire le dernier repaire de la tyrannie, le donjon de Vincennes, vous ayez le même foir, mis fous votre protection les affaffins armés de poignards qui vouloient protéger la fuite du Roi? Je vous demanderai encore comment il peut fe faire que la compagnie des Grenadiers de l'Oratoire, de garde le 18 Avril, jour que le Roi avoit choifi pour aller à Saint-Cloud, & d'où vous avez chaffé fi arbitrairement quatorze Grenadiers qui s'étoient oppofés au départ du Roi, fût la même compagnie de garde le 21 Juin.

» Ne nous faifons pas d'illufion, Meffieurs; la fuite du Roi n'eft que le réfultat d'un vafte complot. Des intelligences avec les premiers fonctionnaires publics en ont pu feules affurer l'exécution. Et vous, M. la Fayette, vous qui nous répondiez encore dernièrement de la perfonne du Roi fur votre tête, paroître dans cette Affemblée, eft-ce avoir payé votre dette?

» Vous avez juré que le Roi ne partiroit pas. Ou vous avez livré votre Patrie, ou vous êtes ftupide d'avoir répondu d'une perfonne dont vous ne pouviez pas répondre; dans le cas le plus favorable, vous vous êtes déclaré incapable de nous commander.

» Mais je veux croire qu'on ne peut vous reprocher que des erreurs. S'il étoit vrai que la liberté de la Nation Françoife dépendît d'un feul homme, elle mériteroit l'efclavage & l'abjection. La France peut être libre fans vous ; votre pouvoir pèfe fur les quatre-vingt-trois Départemens ; votre réputation a volé d'un pôle à l'autre. Voulez-vous être véritablement grand, redevenez fimple citoyen, & n'alimentez pas plus long-temps la jufte défiance d'une grande portion du Peuple. »

M. Danton a fini par dire qu'il falloit de grandes mefures pour fauver l'État ; qu'il falloit au peuple une grande fatisfaction ; qu'il étoit las d'être continuellement bravé par fes ennemis connus & déclarés ; il eft temps, a-t-il ajouté, que ceux qui ont figné des proteftations contre la Conftitution, ceffent d'être les Repréfentans du Peuple.

L'Affemblée Nationale avoit entrevu ce principe, à l'époque où elle a décrété que ceux qui feroient coupables de ce délit ne pourroient être chargés d'aucune miffion. L'Opinant a fait voir qu'une proteftation contre ces Décrets, étoit une abdication de la qualité de Repréfentant, un crime de lèfe-Nation ; que ce n'étoit point enfreindre le principe de l'irrévocabilité, que de chaffer de l'Affemblée Nationale & de livrer à la Juftice ceux qui appeloient la guerre civile en France par des actes ayant le caractère de la rebellion. Mais, a-t-il dit, fi la voix des défenfeurs du Peuple eft étouffée ; fi, toujours foibles, vos ménagemens pour les ennemis de la Patrie la mettent perpétuellement en danger, je vous livre au jugement de la poftérité ; c'eft à elle à prononcer entre vous & moi.

Sur l'interpellation de M. Danton , faite aux Membres de la Société qui avoient eu connoiffance des conférences qui s'étoient tenues entre lui , M. la Fayette , & quelques Députés à l'Affemblée Nationale , M. Alexandre Lameth eft monté à la tribune & a dit : « je remercie M. Danton , dont je n'ai jamais parlé qu'avec eftime, d'avoir invité les Membres de l'Affemblée Nationale auxquels il s'eft adreffé, à une explication franche. On pourroit lui dire que, dans tous les cas, on ne devroit s'occuper que des chofes ; mais puifque les perfonnes peuvent influer fur le fort de la fociété toute entière, je fuis bien aife d'avoir ici cette explication franche.

» On eft étonné de me voir dans cette Affemblée avec M. la Fayette , ou plutôt, on s'étonneroit, je penfe , de ne m'y pas voir avec lui. J'ai toujours regardé M. la Fayette comme l'un des plus fermes foutiens de la Conftitution ; & quoique j'aye fouvent blâmé fa conduite , & que j'aye, dans quelques circonftances, parlé de lui avec acreté peut-être, j'ai dit à M. Danton lui-même que fi la Conftitution étoit en danger , M. la Fayette mourroit pour elle les armes à la main. »

M. Danton s'eft levé, & a déclaré qu'il étoit vrai que M. Lameth s'étoit plufieurs fois expliqué fur le compte de M. la Fayette de cette manière.

M. Alexandre Lameth a terminé fon difcours en difant qu'il falloit abjurer toute haine, faire cefler toute divifion, pour déjouer toutes les manœuvres des ennemis de la Liberté, & marcher d'un pas sûr & ferme à l'achèvement de la Conftitution.

M. la Fayette, appelé à la tribune par un grand nombre de voix qui l'invitoient à répondre à M. Danton, y eft monté; il a dit à-peu-près: Meffieurs, l'un des Préopinans me demande pourquoi je viens me réunir à cette Société. Je viens me réunir à cette Société, parce que c'eft dans fon fein que tous les bons Citoyens doivent fe trouver dans ces circonftances où il faut plus que jamais combattre pour la Liberté; & l'on fait que j'ai dit le premier, que lorfqu'un Peuple vouloit être libre, il le devenoit.

Il a ajouté qu'il n'avoit jamais été fi sûr de la Liberté, qu'après avoir joui du fpectacle que venoit de lui offrir dans cette journée le peuple de la Capitale.

M. Sieyes s'eft excufé fur fa déclaration fignée, en difant que ce n'étoit qu'une œuvre de cabinet, qui ne devoit pas voir le jour, & qu'il donneroit à l'Affemblée, dans des temps plus favorables, des détails qui la fatisferoient à cet égard. Il a ajouté qu'il n'avoit paru que quelques épreuves de fa déclaration, & qu'elle n'avoit pas été répandue dans les Départemens.

Sur la motion de M. Biauzat, il a été décidé

que d'après la déclaration de M. l'Abbé Sieyes, que son ouvrage n'avoit pas été répandu dans les Départemens, on suspendroit l'impression du discours de M. de Salle.

M. Barnave a prononcé anathême sur tous ceux qui ne voudroient pas se réunir aux Amis de la Constitution dans ces temps de crise & de désordre ; & qu'il falloit dévouer à l'infamie ceux qui ne sauroient pas sacrifier leur haine & leurs opinions particulières à l'intérêt public, & qui s'éloigneroient de la route tracée par la Constitution.

Il a proposé la rédaction & l'envoi d'une Adresse aux Société affiliées, qui a été adoptée.

M. le Député de Brest a demandé la parole ; il a dit : Messieurs, j'espérois que M. la Fayette auroit le temps de répondre dans cette séance, aux interpellations & inculpations à lui faites par M. Danton. Je l'aurois désiré d'autant plus, que, chargé d'une mission auprès de vous par mes Concitoyens, j'aurois été satisfait de pouvoir détruire les soupçons que les Citoyens de Brest ont depuis long-temps conçus sur M. le Commandant-Général de la Garde Parisienne : je fais en conséquence la motion expresse que M. la Fayette soit invité à venir le plus tôt possible dans le sein des Amis de la Constitution, pour y répondre cathégoriquement aux interpellations & inculpations qui lui ont été faites par M. Danton. L'Assemblée n'étant pas assez nombreuſe, il a été invité à renouveler ſa motion le lendemain.

LETTRE de la Société des Amis de la Conſtitution de Paris, aux Sociétes qui lui ſont affiliées.

FRÈRES ET AMIS,

Le Roi, égaré par des ſuggeſtions criminelles, s'eſt éloigné de l'Aſſemblée Nationale.

Loin d'être abattus par cet évènement, notre courage, & celui de nos Concitoyens, s'eſt élevé au niveau des circonſtances.

Aucun trouble, aucun mouvement déſordonné n'ont accompagné l'impreſſion que nous avons ſentie. Une fermeté calme & déterminée nous laiſſe la diſpoſition de toutes nos forces; elles ſont conſacrées à la défenſe d'une cauſe juſte; elles ſeront victorieuſes.

Toutes les diviſions ſont oubliées; tous les patriotes ſont réunis. L'ASSEMBLÉE NATIONALE: voilà notre guide. La CONSTITUTION: voilà notre cri de ralliement.

Signé, BOUCHE, *Préſident ;* BILLECOCQ, ANTOINE, CHODERLOS, SALLE, REGNIER, neveu, DUFOURMY, & J. J. A. ROUSSEL, *Secrét.*

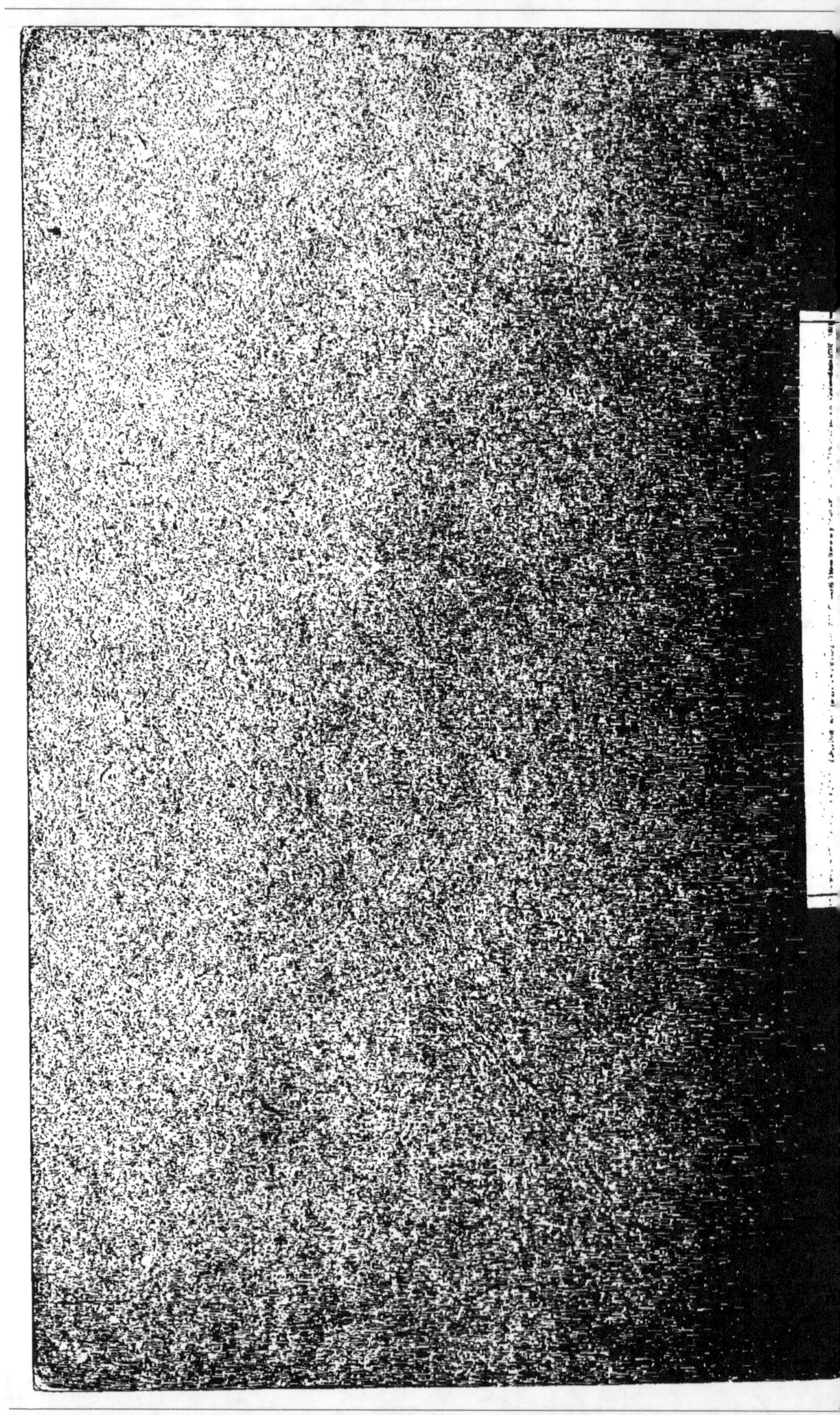